AF562563

Colonies.

DES ARTICLES

1er ET 64 DE LA CHARTE.

PARIS,
IMPRIMERIE DE AUGUSTE MIE,
RUE JOQUELET, N° 9.

1831

OPINION SUR CETTE QUESTION.

Les hommes de couleur libres de nos colonies ont-ils besoin d'une disposition législative pour être réputés français dans les colonies, ou sont-ils français de droit par l'art. 1er de la Charte?

Le système qui établit une ligne de séparation entre les hommes de couleur libres et les colons blancs, et qui donnerait à ceux-ci le titre de français, en exigeant pour ceux-là une disposition de loi, se fondait sur l'article 73 de la Charte de 1814; il se fonde aujourd'hui sur l'art. 64 de la Charte de 1830.

Ce système est une grave erreur, il sera facile de le prouver.

L'art. 59 du code noir porte : « Octroyons aux « affranchis les mêmes droits, priviléges et im- « munités, dont jouissent les personnes nées « libres : voulons que le mérite d'une liberté ac- « quise produise en eux, tant pour leurs per- « sonnes que pour leurs biens, les mêmes effets « que le bonheur de la liberté naturelle cause à « nos autres sujets. »

Les lois de la révolution ayant aboli l'esclavage, les noirs même, qui naissaient sur le sol de la colonie, étaient français ; et cet état dura jusqu'au moment où la loi du 30 floréal, an 10, rétablit l'esclavage tel qu'il existait avant 1789, et, nonobstant toutes lois antérieures et contraires, déclara, que le régime des colonies serait soumis pendant dix ans aux réglemens qui seraient faits par le gouvernement. Depuis cette époque, les habitans de nos colonies furent de nouveau divisés en deux classes principales : hommes libres, esclaves.

Les esclaves ne pouvaient pas être considérés comme français, puisque, ne jouissant d'aucun droit civil, ils formaient une classe séparée, soumise à des lois toutes spéciales : mais ils pouvaient obtenir l'affranchissement ; dès ce moment ils devenaient libres, et l'art. 59 du code noir leur donnait les mêmes droits *qu'aux autres sujets du roi de France.*

C'est dans cet état que le code civil parut. Il fut promulgué aux colonies, sauf quelques modifications qui n'atteignirent pas le chapitre 1er du livre 1er.

Survint la Charte de 1814.

Cette Charte ne fixa point les conditions auxquelles on était français ; elle reconnut seulement que tous les français étaient égaux devant la loi.

Par une conséquence nécessaire, tous ceux qui étaient français, lors de la promulgation de la Charte, furent égaux.

Les hommes de couleur libres de nos colonies étant français, ils furent les égaux de tous les autres français du continent ou des colonies.

Vainement a-t-on voulu s'élever contre cette vérité incontestable; ce simple exposé suffit pour l'établir.

Mais cette même Charte renfermait à l'art. 73 la disposition suivante :

« Les colonies seront régies par des lois et ré-
« glemens particuliers. »

De là, naquit la prétention de faire passer dans le droit une démarcation de fait, qui, malheureusement, existe aux colonies.

Les hommes de couleur libres tiennent le milieu entre les blancs et les noirs; il est pourtant vrai de dire que l'éducation et la fortune d'un grand nombre d'entr'eux les place assurément au niveau des blancs: mais par le fait, et depuis long-temps, les blancs forment la classe supérieure; viennent ensuite les hommes de couleur libres, puis les esclaves.

Cet état de choses consacré par une triste usurpation, les colons blancs ont voulu en faire un droit; et, partant de l'art. 73 de la Charte, ils n'ont pas précisément contesté aux hommes de couleur libres la qualité de français, mais ils ont tiré des anciennes lois et ordonnances et de divers réglemens coloniaux toutes les dispositions qui devaient rendre cette classe d'hommes inférieure à leur classe privilégiée.

Un homme de couleur libre arrive dans la France continentale ; on n'établit aucune différence entre lui et tout autre colon ; il jouit des mêmes droits, il est français comme lui. La patrie ne réclame pas, pour le reconnaître comme un de ses enfans, une déclaration, ou un acte de naturalisation quelconque. Le code civil, la Charte, voilà ses titres comme ceux de tout autre colon, comme ceux du métropolitain.

Mais que ce même homme de couleur rentre dans la colonie qui le vit naître, on veut le soumettre à des lois particulières qui lui ravissent ou qui modifient tous ses droits ; et l'on prétend que l'art. 73 de la Charte de 1814 autorise cette singulière prétention!

Pour en faire sentir l'inconséquence, supposons qu'un homme de couleur libre ait obtenu dans la métropole une de ces fonctions qui ne peuvent être accordées qu'à des français, qu'il ait été nommé, par exemple, maréchal et pair de France; s'il retourne dans la colonie, que sa gloire illustra, perdra-t-il ou son titre ou son rang? osera-t-on invoquer des lois particulières pour prétendre qu'il n'est pas l'égal d'un colon blanc, qui se trouverait aussi dans la colonie revêtu des mêmes titres ?

Me dira-t-on que ces hautes fonctions données à Paris et qui rendent un homme de couleur libre égal à un colon blanc, même dans la colonie, le suivent partout et qu'il ne peut les perdre ? l'argument est sans force : si l'homme de couleur n'eût été français, il n'eût pas obtenu ces titres, il est donc français. Et, quelle est donc la loi dérogatoire, non pas seulement à l'article 1er de la Charte de 1814, mais aussi au Code civil, qui puisse anéantir ou modifier dans les colonies les droits attachés à cette qualité de français ?

Or, le plus précieux des droits que confère le titre de français, c'est l'égalité proclamée par la Charte. A Paris, l'homme de couleur libre est l'égal du Colon blanc ; l'un et l'autre rentrent dans la Colonie, le Colon blanc prend de suite la supériorité sur l'homme de couleur. A Paris, le Métropolitain, le Colon blanc et l'homme de couleur libre sont égaux ; qu'ils partent ensemble pour une Colonie, le Métropolitain et le Colon blanc demeurent égaux ; l'homme de couleur libre ne peut plus invoquer l'égalité.... non, ce n'est pas là ce qu'a voulu l'art. 73 de la Charte de 1814.

Encore une fois, son article 1er n'a conféré à

personne la qualité de français, il l'a laissée à tous ceux qui en étaient en possession, et il a proclamé l'égalité entre tous, sans aucune exception. Cette égalité qui prend sa source dans le droit naturel, il faudrait une disposition de loi spéciale, explicite pour l'anéantir. Comment la trouver dans l'art. 73 ?

Il suffit d'en lire le texte, sans même en rechercher l'esprit, pour voir qu'il n'a rien qui autorise cette atteinte au plus sacré de tous les droits.

« Les Colonies seront régies par des Lois et « des Réglemens particuliers. »

Les Colonies en général, sans distinction entre les habitans français, blancs ou hommes de couleur.

L'art. 1er a dit qu'ils sont tous égaux, l'art. 73 ne les divise pas en *castes* ; il déclare seulement qu'il faudra déterminer certains points de législation ou certains objets réglementaires. Remarquez encore dans quel titre de la Charte se trouvent l'un et l'autre article. L'art. 1er est sous ce titre : *droit public des français*; l'art. 73, sous celui-ci : *droits particuliers garantis par l'Etat.*

Veut-on d'ailleurs rechercher les motifs de l'art. 73? Ils s'offrent naturellement à l'esprit. Par suite de la loi du 30 floréal an 10, l'esclavage est rétabli dans les Colonies; on sent qu'un pareil état de choses commande des lois et des réglemens particuliers.

D'autre part, on peut être français sans être citoyen, c'est-à-dire, jouir des droits civils sans jouir des droits politiques; or, la Charte constitutionnelle, qui accordait aux Français du continent tous les droits politiques, en même temps que les droits civils, pouvait se réserver de décider, par des lois particulières, l'étendue et l'opportunité de ces droits politiques pour les Colonies.

Mais que demandent les hommes de couleur libres? s'ils sont les égaux des colons blancs. L'égalité entre les hommes n'est pas seulement le premier des droits civils, c'est le premier des droits naturels : entre les habitans d'un même état, c'est assurément le plus juste, le plus incontestable des droits....

Dès les premiers jours de notre immortelle révolution de 1789, cette égalité entre tous les Français fut proclamée ; toutes nos constitutions ont renouvelé ce cri général : « Egalité pour tous les Français. » Les hommes de couleur libres français jouissaient de l'égalité civile par toutes ces constitutions, le titre de Français leur avait été conservé par la promulgation du Code civil. Où donc est la loi qui le leur avait enlevé avant la Charte ? Il n'y en a point, car la loi qui rétablit l'esclavage, ne regarde pas les hommes de couleur libres.

La Charte survient, elle ne leur enlève pas cette qualité de français, elle proclame de nouveau l'égalité entre tous les membres de la grande famille, et vous ne voulez pas que les hommes de couleur libres français soient les égaux des colons blancs français! Mais où donc les colons blancs ont-ils trouvé le principe qui établit entre eux l'égalité civile? Dans le droit naturel? Les hommes de couleur puisent à la même source. Dans nos constitutions, depuis 1789? les hommes de couleur n'y sont pas oubliés; les Colonies ont eu même le droit de nommer des députés. Dans la Charte? ils n'y sont pas plus nommés que les hommes de couleur, et cependant ils invoquent entre eux l'article 1er de cette charte. Que dit cet article 1er? « *Les Français sont égaux devant la loi.* »

Eh bien! les colons blancs français, les hommes de couleur libres français sont égaux.

Ils invoquent contre les hommes de couleur libres l'art. 73; que dit cet article? *Les Colonies seront régies par des lois et réglemens particuliers. Les Colonies.* Mais si ce mot s'applique aux habitans, les hommes de couleur sont habitans des Colonies comme les colons blancs. Ils sont soumis aux mêmes charges, aux mêmes obligations, ils ont les mêmes droits. L'article ne dit pas : Les hommes de couleur seront régis par des lois particulières, mais les *Colonies*, donc les colons blancs, comme les hommes de couleur. C'est en vertu de l'art. 1er seulement que les colons blancs sont égaux devant la loi, depuis le gouverneur jusqu'au plus pauvre des colons. Cet article ne les nomme pourtant pas, mais il dit : Les Français ; et les colons blancs sont français; pour les hommes de couleur, l'argument est le même. Et ce n'est pas seulement entre eux que les colons blancs doivent être égaux, l'égalité est entre tous les Français, tous sans distinction.

Voilà le droit conféré par la Charte de 1814. Que dirons-nous de la Charte de 1830? Ah! sans doute, elle est loin d'avoir satisfait à toutes les justes exigeances de l'esprit public, mais une amélioration évidente dans l'esprit général qui la domine éclate à tous les yeux ; les idées de liberté, d'égalité y trouvent une plus large place.

On a pu, dans un arrêt des Colonies, lire pendant la Restauration, ces mots qui font frémir :

« *Les hommes de couleur ne doivent pas*
« *oublier la distance qui les sépare des blancs* ;
« *cette ligne de démarcation est établie par la*
« *nature elle même.* »

Aujourd'hui, de pareils principes seraient

dénoncés comme un monstrueux anachronisme, et la cour de cassation casserait cette fois l'arrêt, comme violant l'article 1er de la Charte, et le droit naturel, que les décisions judiciaires doivent aussi consacrer.

L'amélioration se fait sentir, au reste, dans l'art. 64 de la Charte nouvelle; il ne porte plus le mot arbitraire : *réglemens*, mais seulement le mot positif: *lois*.

Or, ces *lois* qui doivent régir les *colonies* ne seront pas, ne peuvent pas être des *lois* de privilége : Notre révolution ne le permet pas : elles ne peuvent pas d'ailleurs violer l'art. 1er de la Charte, qui proclame l'égalité entre tous les Français.

A notre avis donc, les hommes de couleur libres sont Français; ils l'étaient avant la révolution. L'affranchissement donnait la liberté, la liberté donnait la qualité de Français. Depuis 1789 jusqu'au 30 floréal an x, les lois et les constitutions ayant aboli l'esclavage, tous les esclaves furent affranchis de droit, le Code noir les rendait sujets du roi de France, par conséquent Français, et certaines formalités remplies pouvaient leur conférer même le titre de citoyens.

La loi de floréal an x rétablit l'esclavage; elle abolit les lois et réglemens contraires.

Les colonies eurent alors des blancs, des hommes de couleur libres, des esclaves. Les blancs et les hommes de couleur libres n'éprouvèrent légalement, dans leur sort, dans leur qualité, aucune modification. La promulgation du chapitre 1er du premier livre du Code civil dans les colonies aurait, au besoin, consacré le droit des uns et des autres.

Ils furent tous Français incontestablement depuis cette promulgation.

La Charte de 1814 les déclara tous égaux par son art. 1er; l'art. 73 n'établit aucune différence entre les hommes de couleur libres et les blancs.

La Charte de 1830 n'en établit pas davantage; l'égalité entre eux est donc un principe certain, à l'abri de toute réclamation.

On nous a demandé notre opinion au moment où le ministère va présenter un projet de loi sur les colonies; nous avons cru remplir un devoir en la donnant, telle que notre conscience nous l'inspire. Les temps où nous vivons minent et renversent tous les préjugés. Il n'est pas de préjugé plus atroce que celui qui fonde sur la couleur une distinction entre les hommes.

La loi civile et la loi politique sont deux lois bien différentes. Assurément, on conçoit que dans l'intérêt bien entendu des colonies, les droits politiques n'aient pas été également accordés à tous les habitans français ; sur le continent même, nous voyons que tous les français ne participent pas aux mêmes droits politiques. La sagesse du gouvernement a surtout besoin de veiller sur ces contrées lointaines ; c'est à elle à juger s'il convient d'accorder tels ou tels droits politiques.

Mais, prétendre que l'égalité devant la loi est une *faveur*, prétendre qu'elle n'est pas dans la Charte pour tous les français, sans exception, vouloir que la couleur d'un homme lui donne ou lui ravisse ce droit, c'est une amère dérision, c'est une affreuse injustice. Francais, c'est-à-dire, hommes libres, hommes égaux, c'est bien assez, sans doute, qu'après avoir proclamé à la face du monde les principes de liberté, d'égalité qui affranchissent le genre humain, nous souffrions encore l'esclavage des hommes au milieu de nous : gardons nous, du moins, d'établir entre nous des différences humiliantes.

Il est du devoir d'un gouvernement national, d'anéantir le préjugé contre lequel nous nous élevons. Victimes long-temps d'un préjugé non moins absurde, fondé sur la différence des cultes, nous nous félicitons de donner aux hommes de couleur libres le secours que, naguère encore, nous réclamions pour nous mêmes.

Une loi va être présentée; trois articles, qui lui

serviraient de prolégomènes, trancheraient à jamais la question. Je les propose ainsi conçus :

Art. Ier. Tous les français de nos colonies, sans distinction de couleur, sont égaux, en vertu de l'art. 1er. de la Charte.

Art. IIe. Les esclaves peuvent devenir libres par l'affranchissement.

Art. IIIe. L'affranchissement confère la qualité de français et, par suite, l'égalité devant la loi.

Ces principes une fois posés, le législateur fixera les conditions nécesssaires aux français des colonies, pour exercer des droits politiques; aux esclaves, pour obtenir la liberté qui leur conférerait la qualité de français.

Paris, le 12 septembre 1831.

ADOLPHE CRÉMIEUX,
Avocat aux conseils du Roi et à la Cour de cassation.

PARIS, AUGUSTE MIE, IMPRIMEUR, RUE JOQUELET, N°9,
Place de la Bourse.

www.ingramcontent.com/pod-product-compliance
Lightning Source LLC
LaVergne TN
LVHW010314230826
846091LV00007B/3151

* 9 7 8 2 0 1 9 2 3 5 9 1 8 *